SONNE · MOND
UND · STERNE

- *Erstes Lesealter*
- *Große Schrift*
- *Viele farbige Bilder*
- *Bekannte Autoren*

Kirsten Boie

# Krippenspiel mit Hund

Bilder von
Silke Brix-Henker

Verlag Friedrich Oetinger · Hamburg

*Mehr von Lisa und Törtel könnt ihr lesen in:*

Ein Hund spricht doch nicht mit jedem

Nach den Regeln der neuen Rechtschreibung gesetzt


Einbandgestaltung: Manfred Limmroth
Titelbild und farbige Illustrationen: Silke Brix-Henker
Litho: Posdziech GmbH, Lübeck
Druck und Bindung: Mohndruck GmbH, Gütersloh
Printed in Germany 1997

ISBN 3-7891-0546-5

1.

Ich heiße Lisa und seit gestern bin ich in richtig guter Weihnachtsstimmung. Und alles nur wegen Törtel.

Am Montag nach Totensonntag ist nämlich Herr Rieger in die Klasse gekommen und hat ein ganz fröhliches Gesicht gemacht.

„Ich finde, ihr habt so lange toll gelesen und gerechnet“, hat Herr Rieger gesagt. „Da können wir uns jetzt auch mal die Zeit für was anderes nehmen.“

Da haben wir alle „Genau!“ geschrien.

„Wir werden in den nächsten Wochen gemeinsam ein Krippenspiel einüben“, hat Herr Rieger gesagt. „Das führen wir dann bei der Schulweihnachtsfeier auf.“

Anna-Isabel hat gefragt, ob da auch die Eltern zugucken und die anderen Klassen. Und Herr Rieger hat gesagt, na klar. Es wird genau wie im richtigen Theater.

Da hab ich mir vorgestellt, wie ich oben auf der Bühne stehe mit Scheinwerfern an und allem und ich bin ein Engel und sehe ganz wunderbar feierlich aus mit meinen Flügeln und den goldenen Haaren. Und im Publikum sitzen Mama und ihr Freund Erdogan und sind stolz auf mich, und die kleinen Babys aus der Ersten glotzen auch hoch und finden mich toll. Da hab ich vor Freude ein richtig kribbeliges Gefühl gekriegt.

## 2.

Aber leider ist dann natürlich doch alles wieder ganz anders gekommen.
Zuerst hat Herr Rieger die Zettel mit dem Krippenspiel ausgeteilt, da hab ich schon gleich gesehen, dass es ziemlich viel Text war und ganz winzige Schrift.
„Die Schrift ist aber winzig", hab ich zu Anna-Isabel geflüstert und Anna-Isabel hat gesagt, na und, sie kann ja schließlich lesen. Das ist natürlich wahr. Anna-Isabel liest ja auch immer abends im Bett.

Aber ich hab nicht gewusst, ob ich auch so gut lesen kann. Da war meine Freude schon gleich nicht mehr ganz so groß.
Ich hab mir trotzdem ganz riesige Mühe gegeben beim Vorlesen, weil ich doch so gerne Engel sein wollte; aber natürlich können Lexa und Tini viel besser lesen als ich und Anna-Isabel kann sogar mit Betonung. Da haben die natürlich die guten Rollen gekriegt. Und Thomas und Mirsad durften die Hirten sein und der schüchterne Frederik war Josef. Bei dem konnte ja kein Mensch wissen, ob er nicht auf der Bühne gleich anfangen würde zu heulen.
Aber Herr Rieger hat gesagt, wir anderen sollten alle nicht traurig sein. Für ein

Krippenspiel braucht man nämlich auch einen Chor, der singt die ganzen Weihnachtslieder, und dazu muss man auch seine allerbesten Sachen anziehen. Ich hab gedacht, dass ich sonst ja ganz gerne in meinem besten blauen Kleid was vorsingen will, aber so gut wie Engel ist es eben doch nicht.

„Ich brauch dann natürlich einen Umhang mit Gold“, hat Anna-Isabel geflüstert. „Den näht mir meine Mutter noch. Den hat Maria ja um.“

Da bin ich so böse gewesen, dass Anna-Isabel wieder Maria sein durfte und ich war gar nichts.

Darum hab ich in der Pause auch nicht mit ihr gespielt.

## 3.

Ich hab mich zu Metin und Aytül auf die Bank gesetzt und von Metins Chips gegessen. Metin und Aytül sollten natürlich auch ihre besten Sachen anziehen und Chor sein.
„Mir ist das ganz egal“, hat Metin gesagt.

„Türken feiern sowieso nicht Weihnachten. Türken scheißen auf ein Krippenspiel."
Und Aytül hat gesagt, dass man nicht *scheißen* sagen darf, aber dass sie trotzdem gerne was auf der Bühne vorführen möchte. Das hat doch nichts mit Türken zu tun.
Da ist gerade der schmuddelige Kevin gekommen und wollte auch Chips, weil er ja nie Schulbrot mitkriegt, und er hat gesagt, er ist froh, dass er nicht mitmachen muss. Auswendiglernen ist Kack.
Ich wollte gerade sagen, dass *Kack* auch kein gutes Wort ist, da hat Jeremiah über meine Schulter in die Chipstüte gelangt. Und er hat gesagt, wenn wir wollen, können wir doch am Nachmittag unser eigenes Krippenspiel einüben, ganz geheim. Da brauchen wir doch Herrn Rieger nicht dazu. Und wenn es fertig ist, führen wir es auch bei der Weihnachtsfeier vor und das Publikum ist begeistert.
Da hab ich gemerkt, wie ein kleines bisschen von dem kribbeligen Gefühl zurückgekommen ist.

## 4.

Zu Hause hab ich mir schnell eine Schüssel Cornflakes gemacht und dann wollte ich Seite 14 – 16 im Lesebuch lesen, weil das doch die Hausaufgabe war. Aber da hat das Telefon geklingelt.

„Lisa?“, hat Martin am anderen Ende gesagt. Martin ist der beste Freund von Erdogan und Erdogan ist Elektriker und schon ziemlich lange Mamas Freund. „Kannst du mir Törtel abnehmen? Ich muss zu einer Messe fahren.“

Ich hab ein bisschen geseufzt und gesagt, okay, ich kann. Törtel ist nämlich Martins Hund, und wenn Martin sich selber nicht um ihn kümmern kann, fragt er immer mich. Und das ist auch ganz toll, weil ich Hunde so mag, und Törtel ist auch wirklich nett. Nur leider ist er ein *sprechender* Hund und das glaubt mir kein Mensch. Weil das blöde Tier immer nur mit *mir* redet, darum.

„Okay, ich hol ihn ab“, hab ich also gesagt, aber diesmal hab ich mich nicht so auf Törtel

gefreut wie sonst. Weil wir uns doch für drei Uhr auf dem Bolzplatz verabredet hatten, da wollten wir unser eigenes Krippenspiel einüben, Jeremiah und Aytül und Kevin und ich und noch ein paar andere aus dem Chor.
Da hat mir Törtel nicht so gut in den Kram gepasst.

## 5.

Aber als ich Törtel dann an der Leine hatte und mit ihm zum Bolzplatz gegangen bin, hab ich gemerkt, dass ich doch wieder so froh geworden bin, wie ich das immer werde, wenn ich Törtel haben darf. Und da hab ich ihm von unserem Krippenspiel erzählt.

„Und wehe, du störst uns dabei!", hab ich ganz streng zu ihm gesagt. „Hunde haben bei Krippenspielen nämlich nichts zu suchen!"

„Ich weiß, mein Kind, ich weiß", hat Törtel gesagt und sein Bein an einer Laterne gehoben.

Als ich beim Bolzplatz angekommen bin, waren die meisten schon da. Ludwig und Hansi wollten jetzt auch noch mitmachen, die waren gerade erst aus Russland gekommen und konnten noch nicht richtig Deutsch.
Kevin hat gesagt, dann können sie nicht mitspielen, für ein Krippenspiel muss man Deutsch können, aber Jeremiah hat gesagt, das ist Quatsch. Die Weihnachtsgeschichte spielt in Judäa, das ist irgendwo beim Mittelmeer, und da hat damals auch kein Mensch Deutsch gesprochen.

Jeremiah weiß nämlich solche Sachen ganz genau, weil seine Eltern doch aus Ghana kommen und immer mit ihm in die afrikanische Kirche gehen. Da kennt sich Jeremiah natürlich von uns allen am besten mit Gott aus und darum war auch gleich klar, dass er der Boss sein musste. Er hatte auch einen von Herrn Riegers Zetteln mit dem Stück drauf mitgebracht.

Ich hab aber mit Schrecken gesehen, dass ich das einzige Mädchen war, und das fand ich nicht so gut. Weil ich dann doch bestimmt Maria sein musste und ich wollte lieber den Engel.
Kevin hat die ganze Zeit Törtel gestreichelt.
„Das ist doch dein Bauchredner-Hund, oder?", hat Kevin gefragt.
Ich hab nämlich beim Schulfest mit Törtel eine Bauchredner-Nummer vorgeführt. Aber in Wirklichkeit hat da natürlich Törtel geredet. Mein Bauch kann das ja gar nicht.
„Machst du das noch mal vor, Lisa? Bauchreden?"
Da hab ich ganz schnell „Nee" gesagt, weil ich doch nicht wusste, ob Törtel das mitmachen würde. Der hat immer nur so blöde dagesessen und Kevin seinen Kopf zum Streicheln hingestreckt wie ein ganz normaler Hund.
Zum Glück ist in diesem Moment Aytül gekommen mit ihrem kleinen Bruder Zeki an der Hand und ihrer Schwester Lütfiye in der Karre.

„Da ist Aytül!“, hab ich geschrien. „Die kann Maria sein!“
„Warum bringst du denn die Babys mit?“, hat Jeremiah gefragt. „Wie sollen wir denn da üben?“
Aber Aytül hat gesagt, sie muss eben auf die beiden aufpassen und Lisa hat schließlich auch ihren Hund dabei.
Da hat Jeremiah geseufzt und gesagt, na gut, dann fangen wir an.

## 6.

Zuerst mussten natürlich die Rollen verteilt werden, das war bei Herrn Rieger ja auch so gewesen. Dazu haben wir uns alle so in eine Reihe gestellt, nur Aytül konnte das nicht so gut, weil Zeki immer zum Tor hingeflitzt ist und „Schießball!“ geschrien hat. Da musste sie hinterherrennen.

Aber sie ist trotzdem Maria geworden und Lütfiye durfte Jesus sein, obwohl sie doch ein Mädchen ist. Jeremiah hat gesagt, bei einem Baby ist das ganz egal. Wenn das angezogen ist, kann kein Mensch den Unterschied sehen. Dann hab ich mich gemeldet und gefragt, ob ich bitte der Engel sein darf. Ich hab mir vorgestellt, wie ich in Mamas weißem Sleepshirt auf die Bühne komme, und da bin ich wieder ganz glücklich gewesen. Hintendran muss man irgendwie Flügel machen. Die bastelt mir Erdogan bestimmt noch, der kann das ja gut. Der ist ja Elektriker.

Als Nächstes sollte Josef drankommen und da hat Jeremiah gleich gesagt, dass er das macht. Schließlich fängt Josef auch mit *Jott* an. Aber Kevin hat ihm einen Vogel gezeigt und gesagt, Jeremiah ist wohl verrückt. Er weiß ganz genau, dass Josef kein Neger war, das kann man bei jeder Krippe im Kaufhaus sehen. Und Metin hat gesagt, *Neger* sagt man nicht, es heißt *Schwarzafrikaner*. Und Kevin hat gesagt, ein Schwarzafrikaner war Josef aber auch nicht.

Jeremiah hat gebrüllt, das war er aber doch.
„Ihr kennt euch mit der Bibel ja nur nicht aus!", hat Jeremiah geschrien. „Da steht, dass Jesus Gottes *eingeborener* Sohn war, und *Eingeborene* sind ja wohl schwarz!"
Das hat natürlich gestimmt und ich hab ganz schnell zu Lütfiye in der Karre geguckt und gedacht, dass wir sie dann für die Aufführung auch noch schwarz schminken müssen. Mich hat nur gewundert, dass da früher noch keiner drauf gekommen ist.

„Und Maria war ja wohl weiß!", hat Jeremiah wieder geschrien. „Da muss ja wohl Josef schwarz gewesen sein! Sonst wäre das Kind doch nicht schwarz eingeboren gewesen!"
Wir haben ihn alle angestarrt, weil er ja logisch Recht hatte. Und ich hab überlegt, warum Herr Rieger da nie drüber geredet hat. Das war wahrscheinlich nur, weil er nicht genug Schwarzafrikaner für sein Krippenspiel zusammengekriegt hätte.

Ich war ein kleines bisschen neidisch auf Aytül, weil sie nun mit Jeremiah verheiratet sein durfte und ich durfte das nicht. Jeremiah ist nämlich leider mit Abstand der beste Junge in der Klasse.

Als Nächstes haben wir die drei Könige gebraucht, das sollten Kevin und Hansi und Ludwig sein. Aber Kevin hat gesagt, mit Hansi und Ludwig spielt er nicht. Die können nicht richtig Deutsch und außerdem waren die Heiligen Drei Könige auch nicht aus Russland.

Da hat Törtel blitzschnell seinen Kopf aus Kevins Hand weggezogen.

„Was soll das denn nun wieder heißen?", hat Törtel mit einer ganz bösen Stimme gesagt.

„Aus Deutschland waren die Heiligen Drei Könige sicherlich auch nicht! Da könnten Hansi und Ludwig mit dem gleichen Recht sagen, dass sie nicht mit *dir* spielen wollen!"
Kevin ist vor Schreck fast in Ohnmacht gefallen. Er hat Törtel immer so angestarrt und dann hat er zu mir hingeguckt.
„Sie bauchredet wieder!", hat er geflüstert. „Lisa bauchredet wieder!"
„Da kannst du mal sehen!", hab ich ganz streng gesagt. „Bist du jetzt König oder nicht? Mit Ludwig und Hansi zusammen?"
Und Kevin hat genickt und gesagt, das geht schon in Ordnung. Da fehlten uns nur noch die Hirten.

## 7.

Leider haben wir dafür aber nur noch Metin gehabt und der hat die ganze Zeit mehr so am Rand gestanden und sich nicht eingemischt. „Du kannst ja wenigstens schon mal *ein* Hirte sein!“, hat Jeremiah gesagt. „Zur Not.“
Aber Metin hat den Kopf geschüttelt. „Ich weiß nicht, ob das für Türken geht“, hat er gesagt. „Keine Ahnung.“
Da ist Aytül gekommen und hat gesagt, das geht logisch für Türken. Wenn sie Maria ist, kann Metin schließlich auch ein Hirte sein. Er kommt dann eben nicht, um das Kind anzubeten, weil Moslems ja nicht glauben, dass

Jesus Gottes Sohn ist. Der ist nur ein kleiner Prophet. Und Metin kann doch einfach ein Hirte sein in dem Stück, wo der kleine Prophet geboren wird.

Metin hat sehr nachdenklich ausgesehen und Aytül hat gesagt, sie sitzt ja auch die ganze Zeit neben der Krippe und guckt ihre kleine Schwester an und denkt: *Du bist nur ein kleiner Prophet, du bist nur ein kleiner Prophet.* Dann können Moslems das spielen.

Da hat Metin gesagt, dass er vielleicht mitmacht, aber es kann sein, dass er es sich noch anders überlegt.

## 8.

Zuletzt hat Jeremiah noch dem kleinen Zeki eine Rolle gegeben, weil wir doch zu wenige Hirten hatten. Da sollte Zeki der Hirtenknabe sein, der flitzt die ganze Zeit über das Feld und treibt die Schafe zusammen.
„Und warum schreit er dabei immer *Schießball*?", hat Kevin gefragt.
Das wusste Jeremiah auch nicht. „Ist doch scheißegal", hat er gesagt, und Aytül hat wieder gesagt, dass man nicht *Scheiß* sagen soll.
Da hatten wir unsere Rollen alle festgelegt und das war auch gut so, weil es nämlich ganz fürchterlich angefangen hat zu regnen. Darum sind wir lieber nach Hause gegangen.

## 9.

Auf dem Nachhauseweg musste ich noch dringend mit Aytül reden.
„Meinst du echt, ihr feiert nie Weihnachten?“, hab ich Aytül gefragt. „Nur weil ihr Moslems seid?“
„Nee, feiern wir nicht“, hat Aytül gesagt. „Wir feiern Zuckerfest.“

„*Zuckerfest?*“, hab ich gefragt. Das klang ja auch nicht schlecht. „Ist das wie Weihnachten? Mit Tannenbaum und so?“
„Nee, das ist anders“, hat Aytül gesagt. „Das ist gut. Da feiert die ganze Familie zusammen und es gibt tausend Sachen zu essen und Geschenke ...“
„Wie Weihnachten ohne Tannenbaum?“, hab ich gefragt.
„Nee“, hat Aytül gesagt und Lütfiye aus der Karre gehoben, weil wir bei ihr zu Hause angekommen waren.
Aber ich hab mir vorgestellt, dass es irgendwie doch so ähnlich ist. Und ich hab Aytül ein bisschen beneidet, weil zum Zuckerfest die ganze Familie zusammenkommt, und Weihnachten sind Mama und ich immer nur alleine.
Außer wenn in diesem Jahr Erdogan auch mitfeiert. Aber das kann man ja nicht wissen. Erdogan ist schließlich auch Türke. Und letztes Jahr hatte Mama ihn noch nicht.

**10.**

Zu Hause haben zum Glück Mama und Erdogan am Küchentisch gesessen und Tee getrunken.
„Du bist ja völlig durchgeregnet, Lisa!“, hat Mama gesagt. „Rubbel dich mal ganz schnell trocken!“
„Wir haben ein Krippenspiel eingeübt“, hab ich gesagt. „Ich bin der Engel.“
„Na toll“, hat Mama gesagt. „Nun nimm mal den nassen Hund hier raus.“
Aber ich musste erst noch schnell was klären.

„Feierst du eigentlich Weihnachten, Erdogan?“, hab ich gefragt. „Mit Tannenbaum und allem?“
„Nee“, hat Erdogan gesagt. „Feier ich nicht.“
„Auch nicht mit uns, Erdogan, da kannst du das doch“, hab ich gesagt. „Und wir feiern dann mit dir Zuckerfest?“
„Was weißt du denn vom Zuckerfest?“, hat Erdogan gefragt.
Aber da war ich schon draußen zum Abtrocknen. Und meine Idee hab ich sehr klug gefunden. Ich finde, Feste kann man gar nicht genug haben im Jahr.

## 11.

Am nächsten Morgen ist Jeremiah nach der Schule zu Herrn Rieger gegangen und hat gesagt, dass wir auch ein Krippenspiel einüben und ob wir es auf der Weihnachtsfeier vielleicht nach dem anderen Krippenspiel vorführen dürfen.
Herr Rieger hat gesagt, er ist sich sicher, dass wir es bestimmt ganz, ganz toll machen, nur sind zwei Krippenspiele einfach zu viel für eine Weihnachtsfeier. Wir sollen uns mal lieber

hübsch anziehen und singen.
Da waren wir ein bisschen sauer, aber wir haben uns am Nachmittag trotzdem wieder auf dem Bolzplatz getroffen. Da wollten wir üben.
„Aber auswendig!“, hat Jeremiah gesagt. „Maria, mach los.“
Aber leider war Aytül noch nicht dazu gekommen, ihre Rolle auswendig zu lernen, weil die ziemlich lang war. Und außerdem waren das alles so Gedichte, wie kein normaler Mensch sprechen würde.
Das haben die anderen auch alle gesagt und Kevin hatte sogar seinen Zettel verloren.
„Und wie sollen wir dann üben, bitte sehr?“, hat Jeremiah geschrien. „Wenn keiner seine Rolle kann? Glaubt ihr, das geht ganz von selbst?“
Das haben wir nicht geglaubt und darum haben wir Jeremiah versprochen, bis zum nächsten Tag ordentlich zu lernen. Wenigstens ein bisschen.
Übrigens bin ich sicher, dass Jeremiah seine Rolle auch noch nicht konnte.

## 12.

Und damit der Nachmittag nicht ganz vergeudet war, sind wir dann alle zusammen losgegangen und haben eine Bühne gesucht. Weil es doch schließlich keinen Sinn hat, wenn wir da alles ganz toll auswendig lernen und nachher haben wir sowieso keine Bühne.

Wir haben also zuerst in zwei Kirchen gefragt, weil Jeremiah gesagt hat, dass ein Krippenspiel doch ein heiliges Stück ist, und vielleicht freuen die sich sogar, wenn wir kommen. Aber leider waren die Kirchen für Weihnachten schon verplant.

„Vielleicht ein andermal", hat eine nette kleine Frau bei der dritten Kirche gesagt, aber das fanden wir ziemlich blöde. Man kann ein Krippenspiel schließlich nicht zu Ostern aufführen.

Als Nächstes wollten wir zum türkischen Club gehen, aber Metin hat gesagt, er glaubt nicht, dass die uns lassen. Schließlich ist ein Krippenspiel keine richtig türkische Sache, auch

wenn wir vorher ansagen, dass der Jesus in unserem Stück Lütfiye ist und nur ein kleiner Prophet.
Da haben wir nicht weitergewusst. Jeremiah hat gesagt, dass wir in der afrikanischen Kirche bestimmt dürften, aber da musste man ziemlich weit mit dem Bus hinfahren. Und das ganze Fahrgeld für uns alle hätten wir ja im Leben nicht zusammengekriegt.

Kevin hat Ludwig gefragt, ob es denn keine russische Kirche gibt, aber da hätte es fast eine Prügelei gegeben. Weil Ludwig gesagt hat, dass sie Deutsche sind und in die deutsche Kirche gehen. Und Hansi hat immer „Genau, du Arsch!“ geschrien. Das hatte er schon gelernt.
Da hat Jeremiah gesagt, wir sollen jetzt lieber alle nach Hause gehen und unsere Rollen lernen. Sonst brauchen wir sowieso gar keine Bühne.
Und damit hatte er ja Recht.

13.

Zu Hause hat nur Erdogan auf dem Sofa gelegen und MTV geguckt und da hab ich ihm alles erzählt.
„Klingt kompliziert, Lisa“, hat er gesagt und Törtel den Nacken gekrault, dass der richtig verzückt ausgesehen hat. „Vor Weihnachten sind bestimmt alle Bühnen längst ausgebucht. Warum macht ihr es nicht in der Fußgängerzone?“
„In der Fußgängerzone?“, hab ich gefragt.
Da hat Erdogan gesagt, dass da doch vor Weihnachten sowieso immer tausend Leute sitzen und Weihnachtslieder auf der Blockflöte spielen oder auf der Geige und vor sich haben sie einen Instrumentenkasten stehen, in den werfen die Zuhörer dann ihr Geld.

„Da könnt ihr sogar noch ordentlich Knete machen“, hat Erdogan gesagt. „Das ist da so üblich.“
Da hab ich gleich wieder dieses gute Kribbeln im Bauch gehabt und ich hab mir Törtel geschnappt und mich mit ihm in meinem Zimmer auf den Fußboden gelegt. Dann hab ich angefangen meine Rolle zu lernen und das war wirklich nicht einfach. Aber Törtel hat die ganze Zeit neben mir gelegen, als ob er auch mit gelernt hat. Da ist es richtig gemütlich gewesen.

## 14.

Am nächsten Morgen hab ich den anderen von Erdogans Vorschlag erzählt und sie fanden ihn auch alle ganz gut.
„Und wofür sammeln wir das Geld?“, hat Jeremiah gefragt.
Das hab ich zuerst nicht verstanden.
„Für uns doch“, hab ich gesagt, aber Jeremiah hat gesagt, nee, nee, vor Weihnachten muss das schon für einen guten Zweck sein. Sonst ruht kein Segen auf dem Geld.
Also haben wir beschlossen, dass das Geld für arme Kinder sein soll, davon gibt es ja genug, und Aytül wollte auch noch ein Schild malen, wo das draufsteht. Weil sie doch von uns allen die beste Schrift hat.
Und Jeremiah hat gesagt, zur Probe am Nachmittag sollten wir schon mal alle unsere Kostüme anziehen. Weil wir doch jetzt wussten, wo wir vorspielen wollten.
Da hab ich mich richtig auf den Nachmittag gefreut.

## 15.

Leider hat es dann zuerst doch nicht so gut geklappt.
Erdogan hatte versprochen mir Flügel zu basteln, aber die waren noch nicht fertig.
Darum hab ich erst mal nur Mamas schönes weißes Sleepshirt angezogen, das war auch praktisch. Ich war sehr froh, dass Mama mir nicht extra noch ein Engelskleid genäht hatte, weil das doch bestimmt nicht über meine dicke Winterjacke gepasst hätte, und dann hätte ich dagestanden in der Kälte mit meinem dünnen Hemd. Aber Mamas Sleepshirt hat gut über die Jacke gepasst und darum bin ich auch gleich zum Bolzplatz gesaust.
Da standen die anderen schon alle und Metin und Zeki hatten so alte zerbeulte Hüte auf, da konnte man sich richtig vorstellen, dass sie Hirten waren. Nur dass Zeki die ganze Zeit über den Bolzplatz geflitzt ist und „Schießball!" geschrien hat, und manchmal hat er nach dem Hut gekickt.

Jeremiah hatte für seine Josefs-Rolle wenigstens einen dicken Wanderstock, den hatte er von seiner Nachbarin geliehen, die war eine Bergfreundin. Aber Ludwig und Kevin und Hansi hatten gar nichts.
„Wie sollen die Leute denn da wissen, dass ihr die Könige seid?“, hab ich gefragt. „Die Heiligen Drei Könige müssen doch feierlich sein!“ Und das konnte von Kevin und Hansi und Ludwig ja wirklich keiner behaupten.
Aber Kevin hat gesagt, er scheißt auf Kostüme, Kostüme sind für Babys, und Aytül hat gesagt, dass man nicht *scheißen* sagen soll. Dann haben wir angefangen.
Als Erstes war der Engel dran, das war ja ich. Ich hab mich also sehr feierlich hingestellt, wie Engel stehen müssen, und hab gesagt:
„Gebenedeit seist du, Maria, Auserwählte unter den Weibern.“
„Was soll das bedeuten?“, hat Aytül gefragt.
Ich hab die Achseln gezuckt. Erstens hatte ich keine Ahnung und zweitens hatte ich Angst, dass ich meinen Text vergessen würde.

„Ich spiel aber nicht die Maria, wenn die gebenedeit ist und ich weiß nicht, was das heißt!“, hat Aytül gesagt. „Nachher ist das was Peinliches!“
Jeremiah hat gesagt, dass er leider auch keine Ahnung hat, und Metin hat gesagt, Türken

müssen das nicht wissen, und Ludwig und Hansi konnten noch nicht genug Deutsch. Kevin weiß sowieso nie so viel.

„Dann mach ich nicht mit“, hat Aytül gesagt. „Nicht, wenn du *gebenedeit* zu mir sagst. Und *Weiber* auch nicht.“

Ich hab schon gedacht, das ganze Krippenspiel kommt nicht zu Stande, aber da hat Jeremiah sich eingemischt und gesagt, dann lassen wir den Anfang eben weg.

„Fang gleich mit der nächsten Zeile an, Lisa“, hat er gesagt. „Los, mach weiter.“

Da hab ich mich also wieder feierlich hingestellt, aber mehr konnte ich leider nicht machen. Weil ich doch den Text noch nicht weiter auswendig konnte, den wollte ich später noch lernen.
„Oh, nee, du!“, hat Kevin geschrien. „Jetzt kann die ihren Text nicht!“
„Kannst du deinen Text denn?“, hab ich gefragt. Und da hat sich rausgestellt, dass Kevin den *nicht* konnte, nicht mal eine einzige Zeile. Und die anderen konnten ihren alle auch nicht, nur Jeremiah. Aber der musste sowieso nur sagen: „Maria, mein liebes Weib.“ Und das wollte Aytül nicht. Wegen dem *Weib*.

„Ach, Scheiße!“, hat Kevin gesagt und Aytül hat gesagt, dass man *Scheiße* nicht sagen darf. Aber ich hab gedacht, jetzt darf man das wirklich mal. Weil es doch tatsächlich welche war! Keiner konnte seine Rolle! Wie sollte da

denn wohl das Krippenspiel klappen?
Dabei kenn ich das schon, so was passiert nämlich oft in meinem Leben. Zuerst stellt man sich immer alles so schön vor, aber wenn man es dann machen soll und muss so furchtbar viel dafür lernen, hat man doch nicht mehr so viel Lust.
„Ja, dann können wir das wohl knicken“, hat Jeremiah gesagt. „Wenn ihr alle nicht gelernt habt. Ein Krippenspiel ohne Text geht eben nicht.“
Da hab ich gemerkt, wie plötzlich eine große Traurigkeit über mich gekommen ist. Weil ich mich so auf das Krippenspiel gefreut hatte und nun konnte nichts daraus werden. Und am Samstag bei der Schulweihnachtsfeier würde Anna-Isabel in ihrem schönen blau-goldenen Umhang an der Krippe sitzen und ich war wieder nur der Chor.
„Wer hat denn behauptet, dass das nicht geht?“, hat da plötzlich eine tiefe Stimme neben mir gesagt. „Ein Krippenspiel, ohne dass die Personen reden?“

## 16.

Da war die Traurigkeit genauso schnell verschwunden, wie sie gekommen war. Weil Törtel sich eingemischt hat! Und irgendwie hab ich gewusst, dass es dann doch noch klappt. Aber die andern haben das natürlich nicht gewusst.

„Lass doch den Kack!“, hat Kevin gebrüllt.

„Was soll jetzt die Bauchrednerei?“, hat Jeremiah wütend gefragt. „Findest du das witzig?“

Aber Törtel hat sich ganz manierlich neben mich gesetzt. „Wir spielen ein Krippenspiel mit Hund“, hat er gesagt. „Das ist der Hund des Engels. Und der sagt den Text.“

Da hab ich begriffen, warum Törtel gestern Abend die ganze Zeit mit mir zusammen das Stück gelesen hatte, und ich hab ihm einen Kuss gegeben. Aber die andern waren nicht so begeistert.

„Was soll denn das, Lisa!“, hat Metin gebrüllt. „Du kannst doch deine Rolle selber nicht!“

„Aber mein Hund kann das doch!“, hab ich geschrien. „Siehst du doch! Mein Hund kann reden!“

Da haben mir alle einen Vogel gezeigt.
„Ha-ha-ha“, hat Kevin gesagt. „Kratz mich, ich will lachen.“
Zum Glück hat Törtel begriffen, was jetzt nötig war. „Schon gut, das war ein kleiner Scherz“, hat er mit seiner tiefen Stimme gesagt. „In Wirklichkeit ist das natürlich Bauchrednerei. Aber das wissen die Leute doch nicht! Das Publikum wird begeistert sein. Probieren wir es gleich mal aus.“

Da haben mich alle ganz misstrauisch angeguckt, aber dann haben sie vielleicht gedacht, dass Ausprobieren ja nichts kostet. Und wir haben es also versucht.
Ich hab mich wieder ganz feierlich hingestellt, aber diesmal hab ich eine Hand auf Törtels Kopf gelegt und Törtel hat angefangen.
„Es begab sich aber zu der Zeit", hat Törtel so vornehm gesagt wie ein Sprecher auf einer Kassette, „dass ein Gebot von dem Kaiser Augustus ausging, dass alle Welt sich schätzen ließe." Und er hat so wunderbar gesprochen, dass es mir eiskalt den Rücken runtergelaufen ist. Ich hab ja gewusst, dass Törtel gut rechnen kann, aber dass er auch so ein guter Schauspieler ist, hat doch kein Mensch ahnen können. Sogar mit besserer Betonung als Anna-Isabel.
Er hat die ganze Weihnachtsgeschichte aufgesagt und wir mussten nur noch die Bewegungen dazu machen. Es war so schön, dass Aytül sich nicht mal mehr darüber beschwert hat, dass sie gebenedeit sein sollte.

Als Törtel fertig war, haben alle eine ganze Weile still dagestanden. Dann ist Jeremiah mir um den Hals gefallen.
„Danke schön, Lisa!", hat er gesagt. „Ein Krippenspiel mit Bauchrednerin! Das gibt es wetten nirgends auf der Welt!"

„Und das dürfen auch Moslems“, hat Metin entschieden gesagt.
Da bin ich ein kleines bisschen rot geworden. Ludwig hat mir dreimal kurz auf den Bauch geklatscht. „Gutes Bauch!“, hat er gesagt. „Kann gut reden!“
„Aber eigentlich war es mein Hund“, hab ich vorsichtig gesagt. Weil ich nicht für etwas gelobt werden wollte, was ich gar nicht gemacht hab. Schließlich hatte ja Törtel die Mühe mit dem Auswendiglernen gehabt. Sowieso hat mir aber niemand zugehört. Nur Törtel hat ganz leise geknurrt. Ich weiß gar nicht, warum er nie will, dass die Leute rauskriegen, wie gut er reden kann.
Da haben wir uns alle wie verrückt auf den nächsten Morgen gefreut. Das war ja Samstag und wir wollten in der Fußgängerzone spielen. „Dann sind wir sogar noch vor den blöden andern dran“, hat Kevin zufrieden gesagt. „In der Schule ist das Krippenspiel ja erst am Nachmittag.“
Das hab ich auch gut gefunden.

**17.**

Und dann ist die Aufführung so wunderbar geworden! Aytül hatte ein Schild gemalt in ihrer besten Schrift, auf dem stand: „*Für arme Kinder*“. Das haben wir an den Topf für das Geld gelehnt.

Als alle da waren, haben sich Metin und Zeki ihre Hüte aufgesetzt und dann haben wir uns alle richtig an unsere Plätze gestellt. Leider ist Zeki gleich wieder abgehauen und hat „Schießball!“ geschrien, aber darüber hat sich keiner beschwert. Und unser kleiner Jesus Lütfiye hat auch ganz lieb auf Aytüls Schoß gesessen und mit ganz viel Spucke „Brrrrssssbbbb!“ gesagt. Aytül hatte ihr extra noch ein blaues Mützchen aufgesetzt, damit man denken sollte, dass sie ein Junge war. Als Letzte bin ich mit meinen Flügeln nach vorne getreten und hab Törtel die Hand auf den Kopf gelegt. „Hund des Engels, sprich!“, hab ich gesagt und bestimmt konnten alle Leute merken, wie aufgeregt ich war, so doll hat meine Stimme gezittert.

Und dann hat Törtel losgelegt und er hat sich kein einziges Mal versprochen.
Lütfiye hat in ihre kleinen dicken Hände geklatscht und „Brrrsssbbb!“ geschrien und Zeki hat seinen Hut durch die Luft geschossen und wir anderen sind alle ungeheuer feierlich gewesen.

Als wir fertig waren, haben die Leute geklatscht und geklatscht, dass ihnen fast die Hände abgefallen sind. „Zugabe!“, haben sie gebrüllt und dann haben sie ordentlich Geld in unseren Topf geworfen.
„Das war ja total geil!“, hat Kevin gesagt. „Lass uns noch mal.“

Und wir haben alle gefunden, dass er Recht hatte. Schließlich waren inzwischen ja schon wieder neue Leute in die Fußgängerzone gekommen, um Weihnachtseinkäufe zu machen, die hatten unser Stück noch nicht gesehen. Und vielleicht wollten die ja auch gerne gucken.
Wir haben uns also wieder aufgestellt und ich hab mich geräuspert und Törtel hat sich geräuspert, und dann haben wir es noch mal gespielt. Und die ganze Zeit hat ein Mann Fotos von uns gemacht, am meisten von mir und Törtel.
Als wir fertig waren und die Zuschauer ihr Geld in den Topf geworfen hatten, ist der Mann noch dageblieben. „Ich bin von der Zeitung!", hat er gesagt. „Das gibt einen schönen Artikel über euch am Montag. Mit Foto!"
Und dann wollte er wissen, wie wir heißen, vor allem ich und mein Hund.
„Das war das beste Krippenspiel, das ich jemals gesehen habe!", hat der Fotograf gesagt. „Das schreibe ich auch in die Zeitung."

Das haben wir auch gefunden. Dass es das beste Krippenspiel war, meine ich. Da haben uns die anderen aus der Klasse mit ihrem langweiligen Stück nur noch Leid getan.

## 18.

Am Schluss haben wir das Geld gezählt und das war wirklich gar nicht wenig.
„Bah, so viel Kohle!“, hat Kevin gesagt. „Und wer kriegt das jetzt?“
Jeremiah hat den Deckel auf den Topf getan und den Topf ganz vorsichtig getragen. „Arme Kinder“, hat er gesagt.
„Dann her mit der Knete!“, hat Kevin gesagt. „Ich bin ein armes Kind. Schließlich ist meine Mutter seit drei Jahren arbeitslos.“

„Dann kriegen Ludwig und Hansi aber auch was ab!", hat Aytül gesagt. „Die kriegen ihre Klamotten immer aus der Kleiderkammer vom Roten Kreuz."

Aber Jeremiah hat gesagt, das ist alles nicht arm genug. Weihnachten muss man sein Geld für Leute spenden, die *richtig* arm sind. So arm, dass sie verhungern.

„Das find ich aber nicht", hat Kevin gesagt.

Da haben wir die Entscheidung vertagt.

Weil wir jetzt nämlich schnell nach Hause flitzen mussten, um unsere besten Sachen anzuziehen. Für den Chor.

**19.**

Am Nachmittag ist es dann wirklich so langweilig geworden, wie ich es mir ja gleich gedacht hatte.
Anna-Isabel hatte einen Umhang aus blauem Glitzerstoff an, auf den hatte ihre Mutter goldene Litzen genäht. Aber dafür hatte sie kein echtes Baby auf dem Schoß.

„Dann kriegen Ludwig und Hansi aber auch was ab!“, hat Aytül gesagt. „Die kriegen ihre Klamotten immer aus der Kleiderkammer vom Roten Kreuz.“
Aber Jeremiah hat gesagt, das ist alles nicht arm genug. Weihnachten muss man sein Geld für Leute spenden, die *richtig* arm sind. So arm, dass sie verhungern.
„Das find ich aber nicht“, hat Kevin gesagt.
Da haben wir die Entscheidung vertagt.
Weil wir jetzt nämlich schnell nach Hause flitzen mussten, um unsere besten Sachen anzuziehen. Für den Chor.

## 19.

Am Nachmittag ist es dann wirklich so langweilig geworden, wie ich es mir ja gleich gedacht hatte.

Anna-Isabel hatte einen Umhang aus blauem Glitzerstoff an, auf den hatte ihre Mutter goldene Litzen genäht. Aber dafür hatte sie kein echtes Baby auf dem Schoß.

„Dann kriegen Ludwig und Hansi aber auch was ab!“, hat Aytül gesagt. „Die kriegen ihre Klamotten immer aus der Kleiderkammer vom Roten Kreuz.“

Aber Jeremiah hat gesagt, das ist alles nicht arm genug. Weihnachten muss man sein Geld für Leute spenden, die *richtig* arm sind. So arm, dass sie verhungern.

„Das find ich aber nicht“, hat Kevin gesagt.

Da haben wir die Entscheidung vertagt.

Weil wir jetzt nämlich schnell nach Hause flitzen mussten, um unsere besten Sachen anzuziehen. Für den Chor.

## 19.

Am Nachmittag ist es dann wirklich so langweilig geworden, wie ich es mir ja gleich gedacht hatte.
Anna-Isabel hatte einen Umhang aus blauem Glitzerstoff an, auf den hatte ihre Mutter goldene Litzen genäht. Aber dafür hatte sie kein echtes Baby auf dem Schoß.

Die Schauspieler haben nicht halb so feierlich gesprochen wie Törtel und natürlich ist Frederik als Josef in Panik geraten und hat fast geheult. Das hatte ich ja gleich gewusst. Zum Glück hab ich mit Törtel in der ersten Reihe gesessen, da konnte Törtel Frederik vorsagen, als der vor Angst seinen Text vergessen hatte. Aber sonst war nichts Besonderes los. Es hat sich nicht mal richtig gelohnt, dass ich mein bestes blaues Kleid angezogen hatte. Der Chor wusste sowieso bei den meisten Liedern den Text nicht so ganz. Aber die Eltern haben trotzdem geklatscht.

„Na, hat es dir gefallen, Lisa?“, hat Anna-Isabels Mutter nach dem Stück so ganz vornehm zu mir gesagt. „Das haben die kleinen Schauspieler doch sehr schön gemacht.“
„Ich bin Montag in der Zeitung“, hab ich gesagt. Dann bin ich mit Törtel zu Mama und Erdogan gegangen.
Wenn Martin mir Törtel ausleiht, machen wir im nächsten Jahr jede Wette wieder ein Krippenspiel.